D0847918

Savais-tu?

Les Serpents

Savais-tu?

Les Serpents

Alain M. Bergeron
Michel Quintin
Sampar

Illustrations de Sampar

ÉDITIONS
MICHEL
QUINTIN

Données de catalogage avant publication (Canada)

Bergeron, Alain M., 1957-

Les serpents

(Savais-tu? ; 3)
Pour enfants de 7 ans et plus.

ISBN 2-89435-188-7

1. Serpents - Ouvrages pour la jeunesse.   2. Serpents -
Ouvrages illustrés. I. Quintin, Michel, 1953-   . II. Sampar.
III. Titre. IV. Collection.

QL666.06B47 2001   j597.96   C2001-941416-1

Révision linguistique : Maurice Poirier

Le Conseil des Arts du Canada
The Canada Council for the Arts

La publication de cet ouvrage a été réalisée grâce au
soutien financier du Conseil des Arts du Canada et de la
SODEC. De plus, les Éditions Michel Quintin bénéficient de
l'aide financière du gouvernement du Canada par l'entremise
du Programme d'aide au développement de l'industrie de
l'édition (PADIÉ) pour leurs activités d'édition.

Gouvernement du Québec - Programme de crédit d'impôt
pour l'édition de livres - Gestion SODEC

ISBN 2-89435-188-7
Dépôt légal - Bibliothèque nationale du Québec, 2001
Dépôt légal - Bibliothèque nationale du Canada, 2001

1 2 3 4 5 6 7 8 9 0 M L 5 4 3 2 1

Imprimé au Canada

Savais-tu que les serpents sont des reptiles? Il en existe environ 2 700 espèces dans le monde.

Savais-tu qu'il n'y a qu'une centaine d'espèces qui soit vraiment dangereuse pour l'homme? Pourtant, près de 30 000 décès par morsures de serpents sont recensés chaque année.

Savais-tu que la colonne vertébrale de l'humain compte 33 vertèbres, alors que celle du serpent en a jusqu'à 500?

Savais-tu que c'est le python
réticulé qui détient le record de
longueur avec ses 10 mètres? Il est suivi
de près par l'anaconda.

Savais-tu que beaucoup de serpents pondent des œufs? Par contre, seulement quelques espèces leur assurent chaleur et protection jusqu'à l'éclosion.

Savais-tu que certaines autres espèces donnent naissance à des petits serpenteaux bien formés? Elles peuvent en avoir jusqu'à 80 par portée.

Savais-tu qu'aucun serpent ne s'occupe des serpenteaux après la naissance? Les nouveau-nés

sont capables de se nourrir seuls. Ils savent chasser
sans avoir appris.

Savais-tu que les serpents grandissent toute leur vie?
Comme leur peau ne s'étire pas, ils doivent muer
plusieurs fois par année. Ils abandonnent donc leur

peau devenue trop petite en la faisant glisser autour de leur corps.

Savais-tu que les serpents ne piquent pas avec leur langue fourchue? En fait, s'ils la sortent et la rentrent

continuellement, c'est plutôt pour sentir. Ils captent
ainsi les petites particules d'odeurs dans l'air.

Savais-tu qu'étant des animaux à sang froid, ces reptiles doivent constamment se déplacer entre

l'ombre et le soleil pour maintenir leur corps à la bonne température?

Savais-tu que dans les régions plus froides, les serpents doivent, pour survivre pendant l'hiver, rester complètement inactifs? Tout comme les ours, ils hibernent.

Savais-tu que tous les serpents se nourrissent d'animaux? Il n'y a aucune espèce végétarienne.

Savais-tu que les serpents ne peuvent mastiquer?
C'est pour cette raison que dès qu'un serpent a
saisi sa proie dans sa gueule, il l'avale tout entière.

Savais-tu que grâce à leurs mâchoires qui se
disloquent, les serpents peuvent avaler des proies
beaucoup plus grosses qu'eux? Leur estomac sécrète

des acides qui digèrent les os, les dents, les poils, les plumes et les écailles.

Savais-tu que les grands serpents constricteurs mangent fréquemment des chiens, des porcs, des cerfs et occasionnellement des humains?

Savais-tu que les grosses proies sont avalées tête première? De cette façon, les membres se replient, ce qui facilite l'ingestion.

Savais-tu que peu de serpents prennent plus d'un repas par semaine? La plupart se contentent d'une seule proie par mois, tandis que d'autres peuvent jeûner plus de 2 ans après un repas copieux.

Savais-tu qu'un serpent peut survivre environ un mois avec la même quantité de nourriture qu'il en faut quotidiennement à un oiseau de poids équivalent?

Savais-tu que pour chasser, les serpents constricteurs
(boas et pythons) immobilisent et étouffent leur
proie en s'enroulant autour d'elle? Ils la retiennent

ainsi jusqu'à ce qu'ils ne perçoivent plus ses
battements cardiaques.

Savais-tu que même s'ils vivent le plus souvent dans les arbres, les serpents constricteurs utilisent généralement l'embuscade au sol comme technique de chasse?

Savais-tu que certains serpents ont des capteurs très
sensibles qui détectent la chaleur corporelle de leurs

proies? Cela leur permet d'attraper une souris dans l'obscurité la plus totale.

Savais-tu que le cobra royal est, de tous les serpents, le plus venimeux? D'une seule morsure, il injecte son venin à doses massives, soit 120 fois plus qu'il n'en

SSSSSSSss

faut pour tuer un être humain. Sa morsure peut tuer
un éléphant.

Savais-tu qu'il existe des serpents cracheurs qui peuvent, avec une extrême précision, cracher leur venin jusqu'à 3 mètres de distance? En visant les

NAJA, LE SERPENT QUI CRACHE PLUS VITE QUE SON OMBRE...

yeux, ils provoquent des troubles de la vue, mais jamais la mort.

Savais-tu que le record de vitesse est détenu par le plus dangereux serpent d'Afrique, le mamba noir? Il a été chronométré à une vitesse de plus de

11 kilomètres à l'heure. Sa morsure peut injecter assez de venin pour tuer 10 hommes.

Savais-tu que tous les serpents ne vivent
pas sur la terre ferme? Certains vivent sous terre,
dans les arbres ou dans l'eau.

Savais-tu que certaines espèces de serpents peuvent planer tandis que d'autres peuvent nager dans l'océan aussi facilement que des poissons?

Savais-tu que les petites espèces peuvent vivre jusqu'à 12 ans, alors que d'autres plus grandes, dont le boa constricteur, peuvent atteindre 40 ans?

Savais-tu que beaucoup d'espèces jouent un rôle important dans le contrôle des populations de

rongeurs? Plusieurs de ces espèces sont
d'ailleurs protégées à l'échelle internationale.

Savais-tu que les serpents comptent beaucoup d'ennemis? Ceux-ci sont, entre autres, la mangouste, le renard, le hérisson, les aigles, les hiboux et autres

serpents. Par contre, c'est l'homme qui demeure son plus grand ennemi.

Imprimé au Canada